韓國의 漢詩

# 元谷 具鴻謨 漢詩選

한국의 한시

# 원곡 구홍모 한시선

구홍모 지음 · 옮김

평민사

편작도 울고 갈 병마와
오랜 세월 싸우며
오늘도 힘겹게 살아가는
아내 김연자에게
이 글을 바칩니다.

# 차례

# 元谷 具鴻謨 漢詩選

# 홀로 취하다
## 獨醉

언제 피었나 진달래꽃
실컷 먹고서 바구니 가득 따서 돌아왔다오.
꽃전엔 봄 향기 넘쳐나나,
임 없음에 홀로 취함을 恨한다오.

何開杜鵑花, 하개두견화
厭口滿籠歸. 염구만롱귀
花煎盛春香, 화전성춘향
無主恨獨醉. 무주한독취

# 어쩔 수 없으니

## 無策

지문이 닳으면 해지는 저녁이요
손금은 희미해질수록 꽃 피는 아침이라.
자신은 농사짓기 싫어하면서 남의 쌀 탐하니,
인간아 인간들아 어쩔 수 없음이여.

指紋磨耗日暮夕, 지문마모일모석
手相益微花開朝. 수상익미화개조
自厭作農貪他米, 자염작농탐타미
人歟人歟無策呼. 인여인여무책호

# 업보를 뒤집다
## 翻業

꿈속에서 업보를 뒤집다가
다시 밝은 아침을 맞았네.
몸은 씻어도 비애는 가시질 않건만,
서까래 끝으로 하루가 저무는구나.

夢中翻業報, 몽중번업보
再迎光明朝. 재영광명조
洗身悲哀餘, 세신비애여
椽端一日暮. 연단일일모

# 님은 떠나고
## 往主

거리엔 낙엽 이리저리 뒹굴고
찬바람은 서산을 넘네.
봄은 와서 만물 깨어나건만
가신 임은 돌아올 수 없다오.

街路落葉亂, 가로낙엽란
寒風越西山. 한풍월서산
春來萬物蘇, 춘래만물소
往主不可返. 왕주불가반

# 정
# 情

비바람에 요동치는 세상 인정은 아침저녁 변하지만
고향 친구들 두터운 정은 굳건하기 창과 같고.
하룻밤 맺은 정이야 쉬 잊혀지지만
가없는 어미 정은 감당하기 어렵다네.

風雨世情朝夕變, 풍우세정조석변
鄕友厚情扐如槍. 향우후정지여창
一夜春情易忘却, 일야춘정이망각
無涯母情難堪當. 무애모정난감당

# 영묘한 힘을 가진 인간이라 해도
## 靈長

새로운 염병이 세상에 가득하니
건강하든 아니든 모두가 걱정이라네.
비록 인간을 영장이라지만
균 한 마리를 이기지 못한다오.

新染病世漫, 신염병세만
建不建皆蝊. 건불건개윤
雖稱人靈長, 수칭인영장
不能克一菌, 불능극일균

# 살펴보지 않을 수가 없으니
## 不可不顧

물속에 염려스럽고 두려운 것이 있으되
소들은 건너지 않을 수가 없고
집안엔 슬픔과 괴로움이 있으나
살펴보지 않을 수가 없어라.

水中在危懼, 수중재위구
牛不可不渡. 우불가부도
家內有哀苦, 가내유애고
我不可不顧. 아불가불고

# 떨어지는 바위
## 墜岩

오르는 청년은 내려가는 장년 같고
날아오르는 새는 떨어지는 바위보다 빠르다네.
노소 막론에 살아감은 같으나
느림과 급함이 조화롭지 않음에 세상 어둡다네.

登高青年如壯下, 등고청년여장하
飛山鳥速於墜岩. 비산조속어추암
老少莫論生之若, 노소막론생지약
緩急不調爲世暗. 완급부조위세암

# 한가위
## 秋夕

이 골에도 차 저 골짜기에도 차
신선한 바람 연이어 불고 하늘 더욱 높아라.
크고 작은 태풍 멀리 물러가고 나니
손에 가득 잡은 떡에 가을 미소 넘쳐라.

此谷車車彼亦車, 차곡차차피역차
鮮風連連天尤古, 선풍련련천우고
大小颱風遙去後, 대소태풍요거후
滿手秉餠溢秋笑. 만수병병일추소

# 달은 차오르고
## 滿月

가까운 이는 참 많으나 모두 먹고 살기 바쁘다고요
친구는 지척에 살고 있으나 천리 밖이나 마찬가지죠.
병상에 누워 시든 꽃은 일어설 줄 모르는데
만월만이 문미를 비출 뿐이라오.

至親誠多悤糊口, 지친성다총호구
友居咫尺如千里. 우거지척여천리
臥床枯花不知立, 와상고화부지립
唯有滿月照門楣. 유유만월조문미

# 대한을 기다리며

## 望大寒

따뜻한 남쪽나라 하늘이 어두운데
대한을 바라거늘 가랑비 듣는구료.
금린과 옥척이 서로 다르지 아니하나
온 세상 사람들 적이 같지 않음이라.

暖陽南國天宇黯, 난양남국천우암
大寒望日細雨滴. 대한망일세우적
錦鱗玉尺相不異, 금린옥척상불이
擧世衆人不同籍. 거세중인부동적

# 봄 여름 가을 그리고 겨울

## 四季

봄풀에는 황소가 살찌고
여름비엔 미나리가 쑥쑥이라오.
맑은 가을날 온갖 곡식 익으니
겨울밤엔 웃음이 만장이라.

春草黃牛肥, 춘초황우비
夏雨芹菜長. 하우근채장
秋晴百穀熟, 추청백곡숙
冬夜笑萬丈. 동야소만장

# 달만 바라보는 노파
## 望月老婆

처마 밑 새끼제비는 부지런한 어미 기다리고
매미들은 찢어져라 짝을 찾는데
산중에는 여전히 찾는 이 없어
달바라기 할미는 주려 죽겠네.

檐下稚鷰待勤母, 첨하치연대근모
螗蜩放聲搖柳絲. 당조방성요유사
山中如前訪客無, 산중여전방객무
望月老婆爲餓死. 망월노파위아사

# 9월의 철쭉
## 九月躑躅

구월이 가는 것이 애석하여 높은 곳 올랐더니
눈 아래 온 산은 가을 빛 같은데
수풀 사이 철쭉 때 늦게 피었으나
벌나비 그를 반겨 옛일을 떠올리네.

惜九月去登高處, 석구월거등고처
眼低萬山秋色似. 안저만산추색사
林間躑躅時晩開, 임간척촉시만개
蜂蝶歡而億春事. 봉접환이억춘사

# 아이가 장난으로 돌을 던지니
## 遊兒投石

장난기 있는 아이가 고요한 호수에 돌을 던지니
아주 작고 빠른 것들은 물레방아 쪽으로 달아나고
연달아 던진 돌에 대물(큰고기)이 몰렸으나
사람이 아닌 까닭을 알고 응대하지 않더라.

遊兒投石於靜湖, 유아투석어정호
極小疾類走水碓. 극소질류주수대
連石不斷集大物, 연석부단집대물
非人緣故不應對. 비인연고불응대

# 다시 태어나면

## 復活

애고 애고 없음이여
나는 남고 그대는 갔으니 비통함이여
많고 많은 사람 중에 유일한 사람이여.
어디서 다시 태어나 서로 만나리.

哀苦哀苦不在歟, 애고애고부재여
我遺汝去悲痛歟. 아유여거비통여
數億萬中唯一歟, 수억만중유일여
何處復活相逢歟. 하처부활상봉여

# 벗의 배우자가 떠났으니
## 思喪配友

친구여 친구여 짝을 잃었구려.
나무는 옷을 벗어 언 땅을 덮어주고
산새는 지저귀어 슬픔을 달래주건만
곁엔 사람 있으되 할 말이 없구려.

友歟友歟喪配歟, 우여우여상배여
樹木脫衣覆寒土. 수목탈의복한토
山鳥喃喃慰愁心, 산조남남위수심
雖傍有人脣亡乎. 수방유인순망호

# 차를 마시며
## 飮茶

세상 온통 젖은 날에
홀로 앉아 외로이 마시노라.
방안 가득 향기로우나 친구 오지 않으매
나그네는 술집으로 향한다오.

森羅皆濕日, 삼라개습일
獨坐孤飮茶. 독좌고음다
香滿友不來, 향만우불래
旅人向酒家. 여인향주가

# 학은 날아가고 원앙은 물속으로 숨으니
## 鶴飛鴦潛

똥개가 닭장을 보고 짖으니
인근의 학이 놀라 흩어져 날고
미친 개가 호숫가를 배회하니
원앙과 오리 모두 잠기어 숨기더라.

黃狗吠鷄舍, 황구폐계사
隣鶴驚散飛. 인학경산비
狂犬徘湖邊, 광견배호변
鴦鴨皆潛秘. 앙압개잠비

# 가을날에 거닐다
## 逍遙秋

맑은 하늘엔 구름 한 점 없고
온 산은 붉게 물들었네.
지팡이 짚고 가을을 거니니
가슴속엔 기쁨이 넘쳐라.

淸虛無孤雲, 청허무고운
滿山紅葉留. 만산홍엽유
依杖逍遙秋, 의장소요추
胸中喜川流. 흉중희천류

# 급한 친구를 기다리며
## 待急友

꽃마다 희디희니 계곡마다 봄이건만
급한 친구 오지 않으매 잔은 점차 성긂이요.
해마다 피는 꽃은 때마다 지고마나
강남 간 제비는 옛 보금자리 잊지 않네.

花花皓皓谷谷春, 화화호호곡곡춘
急友不來杯漸疏, 급우불래배점소
年年開花時時落, 연연개화시시락
江南去燕憶故巢, 강남거연억고소

# 햇살과 꽃
## 陽與花

밤새 눈 내려 온 세상을 덮으니
길 위의 차들은 거북이가 되었는데
따스한 햇살은 학교 언덕에 내려
꽃과 함께 돌아갈 줄 모른다네.

夜雪覆萬象, 야설복만상
路上車爲龜. 노상차위구
暖陽下校堤, 난양하교제
與花不知歸. 여화부지귀

# 황금
## 黃金

옛 사람은 대의를 소중히 여겨
목숨 버리기를 초개같이 하였건만
오늘날 사람은 치부함에
신의 저버리기를 뚜껑 뒤집듯 하네.

昔人重大義, 석인중대의
棄命若草芥. 기명약초개
現人爲致富, 현인위치부
抛信如反蓋. 포신여반개

# 기쁨과 슬픔은 같이 오니
## 喜愁同行

맑게 갠 하늘의 구름이 곱다지만
어찌 한 방울 물기조차 없으리오.
얼굴 가득 기쁜 모습 역력하다한들
어찌 근심이 깃들지 않았다 말하리오.

雖姸晴空雲, 수연청공운
何無一點水. 하무일점수
滿面喜色歷, 만면희색력
焉言不棲愁. 언언불서수

# 목숨

## 壽

쓴 술 한 잔에 일년이오
따뜻한 밥 한 술에 십년이라.
차가운 말 한마디 평생이나
정겨운 말 한마디 천년을 살게 하네.

苦酒一杯降一年, 고주일배강일년
溫飯一匙增十年. 온반일시증십년
寒舌一片減百年, 한설일편감백년
情談一瞬乘千年. 정담일순승천년

# 괴로이 읊다

## 苦吟

산과 들엔 온갖 꽃 다투니
숲속 새들은 숨죽여 울지 않고
사람들 너도나도 봄의 정취 즐기건만
그대는 어찌하여 슬피 누워 머무는고.

山野百花爭, 산야백화쟁
林間千鳥靜. 임간천조정
萬人樂春色, 만인락춘색
汝歟悵臥亭. 여여창와정

# 한가위에
## 秋夕

이 집 저 집 고향으로 가고 나니
인적 끊긴 집안은 산사라오.
추석이라 보름달은 온 세상 비추거늘
문안엔 먹을 게 없어 고양이도 찾질 않네.

此家彼屋向鄕去, 차가피옥향향거
陋巷跡滅如山寺. 누항적멸여산사
秋夕滿月照森羅, 추석만월조삼라
門內無食猫不查. 문내무식묘불사

# 어무이
## 於無而

무이 무이 어무이
가고 없는 어무이
불러도 대답 않는 어무이
젖은 눈빛 속 어무이

無而無而於無而, 무이무이어무이
去而無而於無而. 거이무이어무이
呼而不對於無而, 호이부대어무이
濕眼光裏於無而. 습안광리어무이

# 원곡을 바라보며
## 望元谷

정도 많고 한도 많으신 어무이
한마디 말씀도 없이 가셨군요.
저희들은 크신 사랑 이기지 못해
붉은 눈엔 후회의 눈물만 더합니다.

情多恨多母, 정다한다모
一言無遺去. 일언무유거
子孫不勝愛, 자손불승애
紅眼添悔淚. 홍안첨회루

# 붕새와 땅강아지

## 鵬與蛄

붕은 대춘 끝을 날고
곤은 북해 아래 노니건만,
쓰르라미 땅강아지 같은 이내 인생
멀고 가까움을 볼 줄 모른다네.

鵬飛大椿端, 붕비대춘단
鯤遊北海根. 곤유북해근
此生若蟪蛄, 차생약혜고
不知觀遠近. 부지관원근

# 세상에 살면서도 수풀 속을 상상하다
## 留於世俗想林間

작은 새는 언덕을 날며 벌레를 잡고
큰 고기는 끝없는 바다에 노닌다네.
몸은 세속에 있어 늘 피곤하나
마음은 수풀 속에 머무니 언제나 상쾌하도다.

小鳥捕蟲飛丘陵, 소조포충비구릉
大魚遊泳茫茫海. 대어유영망망해
身有世俗常疲困, 신유세속상피곤
心留林間恒爽快. 심유임간항상쾌

## 가을날에 책을 읽다
## 秋日讀書

고전은 썩지 않는 샘이요
사단은 마음의 근본이니
늘 손에서 책을 놓지 말고
부지런히 닦아 인간의 존엄을 잃지 말라.

古典不朽泉, 고전불후천
四端心之本. 사단심지본
常手不釋卷, 상수불석권
勤修勿失尊. 근수물실존

## 지진이 일어나도 다만 천장만 바라보네
## 只望天障因地震

지진 피하는 법 모두 몰라
어쩔 줄 모른 채 길이 떠네.
아픈 이는 이내 손가락 놓지 않는데
속수무책에 천장만 바라보네.

避地震法皆不知, 피지진법개부지
右往左往戰慄長. 우왕좌왕전율장
病子不放我手指, 병자불방아수지
束手無策望天障. 속수무책망천장

# 타고난 자질

## 天資

벌나비는 온갖 과일을 먹이고
지렁이는 메마른 땅을 기름지게 하네.
모든 것은 타고난 자질을 지녔으니
어찌 작고 느린 것을 논하리오.

蜂蝶哺百果, 봉접포백과
土龍肥薄地. 토룡비박지
諸有持天資, 제유지천자
奚論小與遲. 해론소여지

## 농사짓는 아낙네
## 農婦

여름날의 열풍은 가고
상큼한 가을 하늘 높다네.
온갖 꽃들 산과 들에 가득한데
농촌 아낙네는 해 저문 줄 모른다네.

夏日熱風去, 하일열풍거
爽快秋天高. 상쾌추천고
百花山野滿, 백화산야만
農婦忘日暮. 농부망일모

# 육십을 맞이하며

## 迎耳順

칠십 살기 예부터 드물다는데
벌써 나도 육십이라네.
세월은 한순간 화살처럼 가버리고
가는 길 아지 못해 묻고 또 묻는다오.

人間七十古來稀, 인간칠십고래희
已我年齡到耳順. 이아연령도이순
一瞬歲月過如矢, 일순세월과여시
不知行路問又問. 부지행로문우문

# 철새
## 候鳥

이름을 떨침은 뭇사람의 바람이나
지나친 욕심은 망신의 길이요.
철새는 가지 하나로 족하니
나를 잘못된 길로 이끌지 마시오.

揚名萬人望, 양명만인망
過慾亡身道. 과욕망신도
候鳥一枝足, 후조일지족
勿引我邪路. 물인아사로

# 가을산
## 秋山

맑은 바람은 먹구름을 몰아내고
계곡물은 세상 먼지를 씻네.
산 아래는 나무마다 맺혔으니
농부는 손발을 다함이라.

淸風驅暗雲, 청풍구암운
谷水洗世塵. 곡수세세진
山下樹樹結, 산하수수결
農夫手足盡. 농부수족진

# 서로 같지 아니함에
## 不等

비는 내림에 장소를 가리지 않고
눈 또한 그러하다네.
이처럼 하늘은 균등하지만
세상은 그러하지 아니하다오.

雨下不拘處, 우하불구처
雪降不選所. 설강불선소
天界若此等, 천계약차등
人世不然乎. 인세불연호

# 가을날 비속에서
## 秋日雨中

나무 위 작은 새는 짝을 부르고
우산 아래 연인들은 온기를 나눈다네.
어린 망아지는 어미 좇아 마구간으로 돌아오건만
방안엔 늙은이 홀로 남아 옛 기억 돌이키네.

樹上小鳥呼伴侶, 수상소조호반려
傘下戀人分溫氣. 산하연인분온기
幼駒從馬向廐回, 유구종마향구회
房中孤老追舊記. 방중고로추구기

# 고향에는 웃음소리
## 故鄕笑聲

하늘은 높고 바람 서늘하니 삼복이 지났구나.
가을(추석) 맞이 벌초에 자손들은 땀 흘리고
아이들 벌레잡이 해 저문 줄 모르니
고향엔 머지않아 웃음소리 한가하리.

天高風凉三伏過, 천고풍양삼복과
迎秋伐草子孫汗. 영추벌초자손한
傍兒採蟲忘日暮, 방아채충망일모
故鄕不遠笑聲閑. 고향불원소성한

# 함께 하지만 꿈은 달라
## 同床異夢

개가 미친놈을 보고 짖어대더니
고기 앞에서 이에 얼굴을 마주보네.
어젯밤 동지는 가고 없으니
내일은 뉘와 함께 잠을 자리오.

犬吠向狂人, 견폐향광인
肉前廼對面. 육전내대면
昨夜同志去, 작야동지거
明日誰與眠. 명일수여면

# 이천십육
## 二千十六

세상 상식은 죽은 지 오래이니
선생의 권위는 묻힌 지 한참이라.
예의지국은 벌써 지난 일임에
천지엔 온통 범과 이리 득실득실함이라.

世上常識死了久, 세상상식사료구
先生權威埋沒長. 선생권위매몰장
禮儀之國旣往事, 예의지국기왕사
四方八方虎狼猖. 사방팔방호랑창

# 얼어붙은 산사에서
## 凍山寺

절 밖에는 인적이 드물거늘
문안엔 신발 찾기 바쁘다네.
계곡에는 눈 더디 녹으니
겨울 추위는 어느 때나 멎으려나.

寺外人跡稀, 사외인적희
門內忙探履. 문내망탐리
溪谷雪解遲, 계곡설해지
冬寒何時止. 동한하시지

# 득실득실
## 得實得實

도무지 소통이 안 되는 대통령에
흉악하고 음탕한 가짜 순실이라.
분한 마음 하늘을 찌르고 초목도 전율컨만
만고의 역적은 진실을 덮는다네.

都統疏通不通統, 도통소통불통통
人面獸心假順實. 인면수심가순실
憤氣衝天草木慄, 분기충천초목율
萬古逆賊蔽眞實. 만고역적폐진실

# 늙음을 한탄하며
## 嘆老

봄 되어 꽃 피니 온 산이 붉더니
가을바람에 낙엽짐은 하루아침 일이라.
세상 모든 것 변치 않는 일 없다지만
동안 아득함에 백발을 탄하노라.

春來花開千山紅, 춘래화개천산홍
秋風落葉一朝事. 추풍낙엽일조사
世上萬有無不變, 세상만유무불변
童顏遙去嘆白絲. 동안요거탄백사

# 가장 중요한 것
## 核心

사람으로 인해 사람이 모이고
사람으로 인해 사람은 흩어짐이라
모든 일은 사람으로 인해 비롯되니
핵심은 인간뿐이라네.

因人人集合, 인인인집합
因人人離散. 인인인이산
萬事由因人, 만사유인인
核心唯人間. 핵심유인간

# 나무하는 아이와 선녀
## 樵童仙女

눈 녹아 꽃 지니 여름 골짜기가 바쁘도다.
바위 타고 넘어 하늘 오르매 옥가마 되었구나.
반석 애무에 시원한 담요 되고
팔 구부려 누우니 선녀가 내려오네.

雪解花盡夏谷忙, 설해화진하곡망
越岩乘天成玉輿. 월암승천성옥여
愛撫盤石爲冷毯, 애무반석위냉담
曲肱而臥降仙女. 곡굉이와강선녀

# 비를 기다리며
## 待雨

모두들 애타게 기다리나 비는 오지 않고
이글대는 햇빛 아래 농부의 마음은 찢어지네.
홀로 빈방 지키나 낭군 오지 않으매
뭇개들 앞다투어 추파를 던진다오.

萬人苦待雨不下, 만인고대우불하
灼熱太陽農心破. 작열태양농심파
獨守空房君不來, 독수공방군불래
庶犬爭先投秋波. 서견쟁선투추파

# 쓸쓸함에 눈물만 가득하네
## 的寂積滴

젊은 시절 자태는 밝고 곱더니
한순간 병을 얻어 집안이 쓸쓸쿠나.
쌓인 비애는 참을 수 있으나
상대해 말할 이 없으매 눈물이 듣는구나.

二八靑春姿的的, 이팔청춘자적적
一瞬得病家寂寂. 일순득병가적적
積積悲哀可忍耐, 적적비애가인내
無人對語淚滴滴. 무인대어누적적

# 가을을 맞이하며
## 迎秋

오작이 감을 쪼아 가을이 옴을 알리니
아내의 잰손놀림이 식욕을 돋우고
늦여름은 꼬리 남겨 석양을 따르니
농부는 허리 펴 미소를 짓는다오.

烏鵲琢柹告秋到, 오작탁시고추도
內子快手充食道. 내자쾌수충식도
季夏斷尾追夕陽, 계하단미추석양
農夫伸腰含微笑. 농부신요함미소

# 산수의 경치를 즐기며
## 樂山樂水

산에 들어 번뇌 잊으매
심신은 처음으로 돌아감이라.
오래 앉았어도 사람 소리 들리지 않으니
산골물에 세상 일 잊는다네.

入山忘煩惱, 입산망번뇌
心身回歸初. 심신회귀초
久坐人聲無, 구좌인성무
谿流濯世故. 계류탁세고

# 여름호수
## 夏湖

쉼 없는 분수는 어지러움을 모르는데
호수의 좁은 집엔 오리가 피서라네.
삼복염천에 매미는 허공을 찢는데
소나무를 흔드는 바람 아래 신선 잠들었네.

無休噴水不知亂, 무휴분수부지란
湖上陝家鴨避暑. 호상협가압피서
三伏炎天蟬裂空, 삼복염천선열공
搖送風下神仙睡. 요송풍하신선수

## 하늘 향해 목을 쳐든 짐승들
## 向天提頸獸

외양간의 소는 수시로 씹고
배부른 돼지는 분을 베고 잠들었네.
하늘 향해 목을 쳐든 짐승들아.
부지런히 힘써 인도를 지켜라.

牢牛隨時咀, 뇌우수시저
飽豚枕糞睡. 포돈침분수
向天提頸獸, 향천제경수
勤勉人道守. 근면인도수

# 푸르름이 가득하니
## 晩翠

한 잔 한 잔 기울이다 보니
술귀신이 나를 잡아다가 악취를 보인다네.
주계에 노닐다가 잠시 인간을 잊었으나
만취 가운데도 언제나 만취를 꿈꾼다네.

一杯一杯傾一杯, 일배일배경일배
酒鬼捕我示惡趣. 주귀포아시악취
遊於酒界暫忘人, 유어주계잠망인
恒滿醉中夢晩翠. 항만취중몽만취

# 뱃노래
## 棹歌

온 강에 단풍이니
산들 모두 물들었으리.
뱃노래 몇 차례 불렀건만
아이는 자라 벌써 어른이라네.

百江紅葉照, 백강홍엽조
千山秋色富. 천산추색부
數次棹歌連, 수차도가연
兒勳已丈夫. 아동이장부

# 봄을 생각하며 문풍지를 바르다
## 念春塗風紙

낙엽은 지나가는 가을바람을 원망하지 않고
다람쥐는 긴 겨울을 슬퍼하지 않네.
게으른 자는 여름날 잠자기를 좋아하나
부지런한 이는 봄을 생각하며 문풍지를 바르네.

落葉不怨過秋風, 낙엽불원과추풍
栗鼠不慨嚴冬遲. 율서불개엄동지
怠者酷好夏日眠, 태자혹호하일면
勤者念春塗風紙. 근자염춘도풍지

## 아내를 잃은 슬픔이
### 鼓盆

아내 잃은 슬픔 남의 일로 알았는데
오랜 생각에도 만나지 못해 괴로움은 쌓이고
형편없이 엉망이 되어도 돌아가게 두지 않으니
높이 쌓은 성 하룻밤에 무너졌다오.

鼓盆之歎如他事, 고분지탄여타사
胸中生塵煩惱堆. 흉중생진번뇌퇴
滿身瘡痍不放歸, 만신창이불방귀
億丈之城一夜壞. 억장지성일야괴

# 가을날 호숫가에서
## 秋日湖邊

새끼오리 어미 좇아 총총히 따르고
젖 빨던 어린아이 품속에 잠들었네.
다정한 남녀는 쌍쌍이 바라보고
고기 잡는 늙은이들 호숫가에 한가롭네.

幼鴨從母忽忽追, 유압종모총총추
吸乳嬰兒懷裏睡. 흡유영아회리수
多情男女雙雙盲, 다정남녀쌍쌍망
湖邊點點閑釣叟. 호변점점한조수

# 고향에 계신 부모님을 그리워하며

## 望雲之情

엄동설함에 택배가 왔다네.
상자 가득 곰국과 들기름이라네.
팔순이 넘었어도 자애로움 끝없음에
고향에 계신 부모님 생각 천리를 날으네.

嚴冬雪寒宅配至, 엄동설한택배지
肉湯法油箱子肥. 육탕법유상자비
已越八旬慈無邊, 이월팔순자무변
望雲之情飛千里. 망운지정비천리

# 고향으로 돌아가는 꿈
## 歸夢

꿈은 술잔 속에 잦아들고
눈물은 두 손에 듣는다네.
버려둔 고향 마당엔
우물 속 생쥐가 목이 마르다오.

夢澌苦杯裏, 몽시고배리
淚垂濪兩手. 누수침양수
置之鄕第場, 치지향제장
渴鼠飮井水. 갈서음정수

## 도리어 짖으며 주인을 물다
## 反吠其主

개가 떨기에 방에 들이니
꼬리 흔들며 교태를 부리고
밥상에 발 내리라 나무라니
도리어 짖으며 주인을 문다오.

犬顫入室許, 견전입실허
搖尾嬌態注. 요미교태주
叱責食床足, 질책식상족
反吠咬其主. 반폐교기주

# 뻐꾸기
## 郭公鳥

다람쥐 밤 모으듯
세상살이엔 많은 돈 필요하다네.
그렇지만 탁란조들아
조심하라 뭇사람이 쏜 화살.

山鼠積貯栗, 산서적저율
處世要多錢. 처세요다전
雖然托卵鳥, 수연탁란조
操心衆射箭. 조심중사전

# 모든 것은 지구상에 있으니
## 萬有地球上

하수구 주위를 비로 쓸어 깨끗이 하였더니
업자들과 주민이 그 모습을 미워한다네.
수입은 줄고 게으름이 탄로난다고
아! 몰랐네 지구상에 있다는 사실을.

下水溝韋掃帚洗, 하수구위소추세
業者住民惡其像. 업자주민오기상
因收入下懶怠露, 인수입하나태로
嗚不知有地球上. 오부지유지구상

# 인색한 사람
## 慳者

개주인은 대봉시요.
강아지는 장사라네.
주인이 씹던 고기를 뱉으니
잽싸게 달려가 삼키고는 아양을 떤다네.

犬主大封豕, 견주대봉시
家狗是長蛇. 가구시장사
主人音咀肉, 주인투저육
疾走呑而哆. 질주탄이다

# 낮잠
## 午睡

여름매미는 세상을 찢고
피곤한 나그네는 평상에 기댄다오.
꿈속에서 천사옷 감추었는데
깨어보니 멀리 기러기 날아가네.

夏蜩裂塵世, 하조열진세
困人平床理. 곤인평상리
夢裏藏天衣, 몽리장천의
醒寤遠雁飛. 성오원안비

# 험한 길을 짚신 신고 가다
## 險路曳屝行

험한 산길 짚신 끌고 가보니
서민 애환 굽이굽이 서렸다네.
신작로 되었다가 긴 굴로 바뀌니,
찾는 이 없어 곳곳이 나눠졌다네.

崎嶇險路曳屝行, 기구험로예비행
庶民哀歡曲曲蟠. 서민애환곡곡반
化新作路變長窟, 화신작로변장굴
探人不在處處班. 탐인부재처처반

# 어젯밤에 비바람이 몰아치더니
## 昨夜風雨

어젯밤 비바람에 온갖 꽃은 졌으나
방초요수가 그 터를 채움이오
무상한 인생은 잠시 왔다가지만
만세토록 시시때때 새 생명 허락하네.

昨夜風雨百花盡, 작야풍우백화진
芳草遼水補其墟. 방초요수보기허
無常人生須臾去, 무상인생수유거
萬歲新命時時許. 만세신명시시허

# 가련한 아내여

## 憐妻

산속 험한 길은 오를수록 힘들고
인생의 좁은 길은 갈수록 헤어나지 못하네.
내 죄 많고 많아 하늘 형벌 받았으니
오호라! 가련한 아내여 어느 날에나 일어날꼬.

山中險路登登難, 산중험로등등난
人生小道行行入. 인생소도행행입
我罪多多受天刑, 아죄다다수천형
惡呼憐妻何日立. 오호연처하일립

# 팔자
## 八字

사는 동안 쌓은 덕 보잘 것 없으니
죽은들 누가 슬퍼해 주리오.
이 모두가 팔자소관이려니
말없이 소매 눈물 감춘다오.

生前微積德, 생전미적덕
卒後何人哀. 졸후하인애
是皆因八字, 시개인팔자
默默藏濡袂. 묵묵장유몌

# 시들어감을 슬퍼하다
## 哀枯

해마다 봄이 오면 꽃 피어 무성한데
날마다 투병이라 아내는 시든다네.
쌍쌍이 나는 나비 호시절 즐기건만
적막한 집안엔 인적이 떠났구려.

年年春來花開茂, 연년춘래화개무
日日鬪病室人枯. 일일투병실인고
雙雙飛蝶弄好時, 쌍쌍비접농호시
寂寞家內人跡故. 적막가내인적고

# 추어탕
## 鰍湯

국수집 문을 닫아 추어탕을 시켰네.
밥 눌러 달라하니 말 한 마디 없다오.
한 숟가락 얹자하니 한 그릇 값 추가라네.
돈에 물든 사나운 인심이 범 아가리 같구나.

由休麵店注鰍湯, 유휴면점주추탕
請授壓飯無半句. 청수압반무반구
付加壹匙又追一, 부가일시우추일
染錢猛心若虎口. 염전맹심약호구

## 한가로이 낚시를 하네
## 閑人釣水

온천지 바람 불어 쓸쓸한데
배부른 갈매기는 돛대 위에서 졸고
작은 배는 망망대해를 가르건만
한가한 이는 낚시질뿐이라네.

天下風蕭蕭, 천하풍소소
飽鷗檣上睡. 포구장상수
艇速斷茫海, 정속단망해
閑人只釣水. 한인지조수

# 산이나 물 같아라

## 如山水

산은 그 높이를 다투지 않고
물은 그 흐름을 다투지 않네.
인생도 이와 같으면 즐거울 텐데
시끄럽기는 예나 지금이나 비슷하다네.

山不爭其高, 산부쟁기고
水不鬪其流. 수불투기류
生若此則樂, 생약차즉락
訌諠古今類. 홍훤고금류

# 누워있는 아내
## 臥婦

어린 시절 아비와 함께 밭 갈던 아이
25세에 짝을 만나 두 아들 두었다오.
세월 지나 이제부터는 유람도 되건만
날마다 길이 누워 병마와 친하다네.

幼年與父耕田兒, 유년여부경전아
五五遇配得貳子. 오오우배득이자
歲過自今遊覽可, 세과자금유람가
日日長臥親病魔. 일일장와친병마

# 삼인성호
## 三人成虎

뭇 개 짖는 소리가 마을을 덮으니 닭은 울지 않고
댓잎에 떨어지는 빗소리가 요란하니 토끼는 굴로 향한다네.
도둑놈 소굴에 돈이 쌓이니 집안엔 아버지가 셋이라
세 사람이 입 맞추면 없는 호랑이도 만드나니 모든 이들이 움츠린다네.

狺狺覆里鷄不鳴, 은은복리계불명
鳴竹盛大卯向窟, 명죽성대묘향굴
窟穴錢積家父三, 굴혈전적가부삼
三人成虎萬姓屈, 삼인성호만성굴

# 권용완(權容完) 선생님의 격려 글

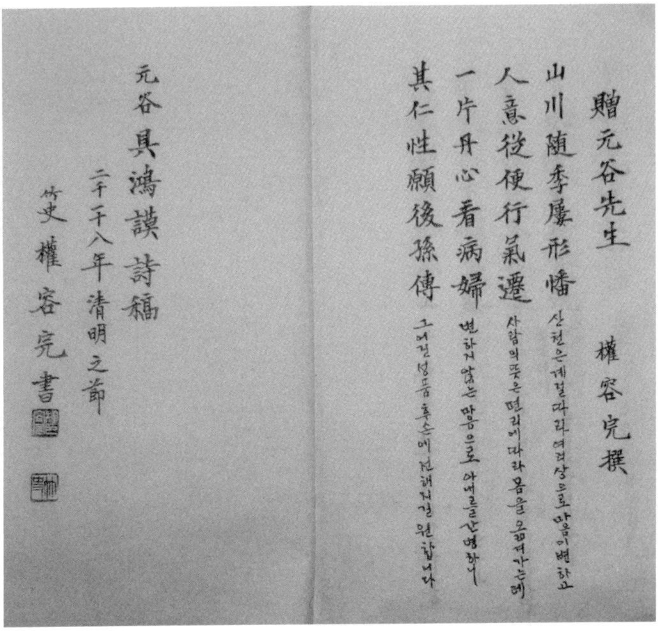
贈元谷先生 權容完撰

山川隨季屢形幡 산천은 계절따라 여러상으로 마음이 변하고

人意從便行氣遷 사람의 뜻은 편리에 따라 몸을 옮겨가는데

一片丹心看病婦 변하지 않는 마음으로 아내를 간병하니

其仁性願後孫傳 그어진성품 후손에 전해지길 원합니다

元谷 具鴻謨 詩稿

二千十八年 清明之節

竹史 權容完書

## 贈元谷先生

山川隨季屢形幡　산천은 계절 따라 여러 상으로 마음이 변하고

人意從便行氣遷　사람의 뜻은 편리에 따라 몸을 옮겨가는데

一片丹心看病婦　변하지 않는 마음으로 아내를 간병하니

其仁性願後孫傳　그 어진 성품 후손에 전해지길 원합니다

韓國의 漢詩

# 원곡 구홍모 한시선

초　　판 1쇄 인쇄일　2021년　8월 25일
초　　판 1쇄 발행일　2021년　8월 30일

지 은 이　구홍모
옮 긴 이　구홍모
만 든 이　이정옥
만 든 곳　평민사
서울시 은평구 수색로 340 〈202호〉
전화 : 02) 375-8571
팩스 : 02) 375-8573
http://blog.naver.com/pyung1976
이메일　pyung1976@naver.com
등록번호　25100-2015-000102호
ISBN　978-89-7115-784-8　03800
정　가　5,000원